Blaise Magnenat

Booster votre mémoire et vos capacités d'apprentissages

I0022738

Blaise Magnenat

Booster votre mémoire et vos capacités d'apprentissages

Éditions Vie

Impressum / Mentions légales
Bibliografische Information der Deutschen Nationalbibliothek: Die Deutsche Nationalbibliothek verzeichnet diese Publikation in der Deutschen Nationalbibliografie; detaillierte bibliografische Daten sind im Internet über http://dnb.d-nb.de abrufbar.
Alle in diesem Buch genannten Marken und Produktnamen unterliegen warenzeichen-, marken- oder patentrechtlichem Schutz bzw. sind Warenzeichen oder eingetragene Warenzeichen der jeweiligen Inhaber. Die Wiedergabe von Marken, Produktnamen, Gebrauchsnamen, Handelsnamen, Warenbezeichnungen u.s.w. in diesem Werk berechtigt auch ohne besondere Kennzeichnung nicht zu der Annahme, dass solche Namen im Sinne der Warenzeichen- und Markenschutzgesetzgebung als frei zu betrachten wären und daher von jedermann benutzt werden dürften.

Information bibliographique publiée par la Deutsche Nationalbibliothek: La Deutsche Nationalbibliothek inscrit cette publication à la Deutsche Nationalbibliografie; des données bibliographiques détaillées sont disponibles sur internet à l'adresse http://dnb.d-nb.de.
Toutes marques et noms de produits mentionnés dans ce livre demeurent sous la protection des marques, des marques déposées et des brevets, et sont des marques ou des marques déposées de leurs détenteurs respectifs. L'utilisation des marques, noms de produits, noms communs, noms commerciaux, descriptions de produits, etc, même sans qu'ils soient mentionnés de façon particulière dans ce livre ne signifie en aucune façon que ces noms peuvent être utilisés sans restriction à l'égard de la législation pour la protection des marques et des marques déposées et pourraient donc être utilisés par quiconque.

Coverbild / Photo de couverture: www.ingimage.com

Verlag / Editeur:
Éditions universitaires européennes
ist ein Imprint der / est une marque déposée de
OmniScriptum GmbH & Co. KG
Heinrich-Böcking-Str. 6-8, 66121 Saarbrücken, Deutschland / Allemagne
Email: info@editions-ue.com

Herstellung: siehe letzte Seite /
Impression: voir la dernière page
ISBN: 978-3-639-62733-6

Booster votre mémoire

et vos

capacités d'apprentissages

de

Blaise Magnenat

Table des Matiéres

Introduction

Je n'enseigne jamais à mes élèves, je me contente de leur fournir les circonstances
qui les feront apprendre.

On apprend par l'expérience. Tout le reste n'est qu'information.

Albert Einstein

Les besoins d'apprentissages ont évolué aux fils des siècles.

Nos arrière-arrière-grands-parents pouvaient apprendre un métier. Rester dans leur
ville ou village durant toute leur existence. L'apprentissage et la connaissance du
monde extérieur restait un luxe. Un simple bon sens suffisait à diriger notre vie.
Aujourd'hui cela a bien changé. L'apprentissage est devenu une nécessité pour la
plupart des personnes vivant en Occident.

Avec Internet, nous avons accès à un savoir presque illimité. Dans presque chaque
grande ville, il existe une bibliothèque avec une richesse de savoir que nos ancêtres
n'auraient pas pu rêver. La capacité à chercher et de synthétiser l'information est
devenue plus utile que la capacité de mémoriser l'information.

Dans le monde du travail et de l'entreprise, les capacités d'apprentissages sont plus
que jamais une condition de survie. Cela va vite. Très vite. Dans certains domaines
comme l'informatique, à peine la formation terminée, les connaissances acquises sont
déjà dépassées.
Si nous sommes tous convaincus de l'importance de l'apprentissage :

Avons-nous seulement appris à apprendre ?

Existe-t-il des techniques et méthodes pour nous faciliter l'apprentissage ? Pour l'étudiant, pour l'adulte en formation et pour le jeune retraité qui observe des changements dans sa faculté d'apprentissage ...

Curieux paradoxe dans les catalogues de formation continue, on apprend à cuisiner, s'occuper de son chien, le yoga et l'arrangement florale, les langues et l'informatique ... il est très rare d'apprendre à apprendre.

Nous avons souvent la croyance que nous savons apprendre. Et dans une certaine mesure, c'est exacte. Pourtant, il est possible d'apprendre mieux et plus vite. D'améliorer sa mémoire. Et surtout de prendre du plaisir à apprendre.

J'ai passé ces quinze dernières années à rechercher comment améliorer l'apprentissage et la mémoire. Dans ce livre, je vous présente les techniques qui m'ont amené le plus de résultat dans mes apprentissages.

Bonne lecture

Qu'est-ce que la mémoire ?

La mémoire est la capacité d'acquérir une information, de la conserver et de la restituer. C'est la faculté de se souvenir.

Les différentes classifications de la mémoire :

Mémoire à court terme
C'est une mémoire qui est faite pour oublier !

Son rôle est de retenir des bribes d'informations (en moyenne sept mots ou chiffres) puis de les oublier. Sa durée de vie est très courte (1 à 5 secondes). Elle retient l'information le temps de l'action et de son traitement.

C'est la mémoire avec laquelle nous allons rechercher un numéro de téléphone et le composer directement.

C'est elle aussi qui va nous permettre de comprendre la phrase qu'on vient de lire, il est en effet nécessaire de se souvenir du début de la phrase pour la comprendre.

Pour faciliter la mémoire à court terme, il faut réunir l'information en « paquet ». Vous pouvez tester ... qu'est ce qui est le plus facile à retenir

0 -7 -9 -5 -2 -4 -9 -4 -2- 3
Ou
079 524 94 23

Mémoire à long terme

Elle se divise en plusieurs sous-groupes :

Mémoire sémantique : Elle contient les faits, les concepts qui constituent la connaissance du monde.

Mémoire procédurale : C'est la mémoire de nos premiers apprentissages. C'est aussi une des plus fidèles. Apprendre à faire du vélo ou à nager. Elle perdure en général toute la vie.

Mémoire explicite

C'est la mémoire consciente, intentionnelle de ce qui est en mémoire. Lorsque nous parlons d'une manière générique de mémoire, nous parlons de mémoire explicite.

Mémoire implicite

C'est la mémoire « inconsciente ». Elle est la récupération inconsciente, non intentionnelle, de ce qui est mémorisé. C'est la mémoire du lapsus révélateur !

Comment ça marche ?

L'autoroute neuronale

Que de temps passé et de découverte passionnante réalisée depuis que Platon tenta de décrire la mémoire. Selon lui, elle était pareille à l'écriture sur une tablette de cire où les lettres s'effacent avec le temps.

Aujourd'hui la neurobiologie a pris la relève de la philosophie.

Pourtant certains phénomènes de la mémoire restent encore un mystère.

Le cerveau est ce qu'il y a de plus compliqué dans l'univers.

La mémoire est un phénomène complexe qui utilise beaucoup de ramifications. Il n'existe pas une seule zone dans le cerveau qui soit le siège de la mémoire. La mémoire serait plutôt un ensemble de zones qui interagissent et qui ont également besoin du corps et des émotions. On n'apprend pas qu'avec son cerveau !

Certaines théories de physique quantique vont jusqu'à dire que le cerveau n'est qu'un récepteur.

Lorsque nous apprenons, nos neurones (cellules nerveuses) créent des connexions avec d'autres neurones. Plus ils sont stimulés, plus les cellules gliales déposent sur les axones (corps du neurone qui propage l'influx nerveux) une substance blanche : la myéline.

La myéline augmente la vitesse de transmission de l'influx nerveux. Elle a aussi un rôle de protection du neurone.

Les neurones communiquent entre eux par les synapses. Une synapse est une jonction fonctionnelle entre un neurone et un autre.

Ce sont les dendrites qui reçoivent les stimuli grâce aux neurotransmetteurs qui traversent la synapse. Les dendrites créent des réseaux de voies neurales interconnectées de plus en plus complexes.

Tant qu'il y a stimulation, la ramification dendritique continue.

Ainsi, plus vous utilisez votre cerveau, plus il se développe !

Les freins à l'apprentissage

Avant de voir les techniques pour mieux apprendre, nous allons commencer par voir les freins et les éventuels blocages à l'apprentissage.

Les pollutions :

Une exposition aux champs magnétiques externes, tels que télévision, écran d'ordinateur, éclairage électrique, etc. amènent un abaissement de la concentration, un mauvais échange entre les hémisphères cérébraux et une excitabilité.

Un manque d'oxygénation, les bruits nuisibles, un mauvais « Feng Shui » sont aussi des facteurs pouvant bloquer les flots naturels de l'apprentissage.

Installez-vous un lieu d'apprentissage calme et bien éclairé. Il va s'agir d'un ancrage pour l'apprentissage : de la même manière que votre estomac réagit devant le frigo, votre cerveau va réagir lorsque vous serez dans votre lieu d'apprentissage. Faites des pauses pour vous oxygénez de préférence en forêt.

La nutrition :

En résumé, il faut un apport adéquat en acides aminés essentiels, en acides gras essentiels, en vitamines et oligo-éléments, ainsi qu'une consommation raisonnable d'hydrate de carbone et de sucres.

Il ne faut pas manger trop lourd avant un apprentissage pour que « l'énergie » ne soit pas presque totalement utilisée pour la digestion. Il faut également s'hydrater suffisamment.

Médical :

Une vue diminuée et une audition même légèrement perturbée (voir chapitre sur méthode Tomatis) sont un ralentissement de nos facultés d'apprentissage.

Les otites à répétition peuvent provoquer de la dyslexie et d'autres troubles de l'apprentissage.

Des allergies diverses ou des parasitoses abaissent la concentration.

Le candida albicans est une piste souvent oubliée mais peut être une cause de trouble de l'apprentissage.

Il existe des médicaments avec des effets secondaires sur la mémoire comme par exemple certains anxiolytiques.

Si vous avez des doutes sur un ou l'autre de ces points, consultez votre médecin ou votre naturopathe.

Le stress :

Des stress trop importants et fréquents provoquent un mauvais développement du cerveau. Le stress oriente vers la survie ce qui inhibe le développement des réseaux de neurones dans les lobes frontaux.

Les rats soumis à des stress importants perdent plus de cellules dans l'hippocampe (partie impliquée dans la mémoire).

Télévision et jeux vidéo :

Outre la pollution électromagnétique déjà citée, l'excès de télévision et de jeux vidéo provoque une diminution du développement de l'imagination.

Le cerveau ne peut pas assimiler le flot trépident d'images, de mots et de mouvement que transmet la télévision avant l'âge de cinq ans.

La télévision provoque aussi une fixité du regard.

Le désir de perfection :

Vouloir être le meilleur va engendrer du stress. Moins vous allez tenir compte du résultat mieux vous allez apprendre.
Apprendre comme un jeu avec plaisir et légèreté est la meilleure manière d'apprendre.

Structuration, Pause, Révision

« La plus grande marche commence par un premier pas » dit le vieux proverbe.

La clé est la motivation. L'idéal serait d'apprendre simplement pour le plaisir d'apprendre... de mon expérience cela n'a pas toujours été le cas !

Posez-vous la question : Pourquoi est-ce que j'apprends ?

Une nouvelle profession ? Une augmentation ? Un voyage à l'étranger ?

Sentez en vous ce qui déclenche le plus d'énergie. Cela ne doit pas être simplement le diplôme, que ferez-vous avec ce diplôme ? ...

Avant de commencer à étudier notez sur une feuille « votre Pourquoi ». Laisser cette feuille sur votre bureau. Ainsi lorsque vous sentirez votre motivation dégringoler ou que le soleil brille de mille éclats à l'extérieur, vous pourrez ressortir cette feuille !

A quelle heure apprenez-vous le mieux ? Notez ce temps dans votre agenda.
C'est un précieux rendez-vous. Si vous le faites chaque jour à la même heure cela deviendra un automatisme.

Tony Buzan dans son best-seller « Une tête bien faite » conseille de diviser le travail en plusieurs phases d'application.

- Un aperçu global

- Une première approche

- Approfondissement

- Révision

Cette approche facilite l'apprentissage et la mémorisation. Un aperçu global donnera une idée de départ et vous évitera de feuilleter des centaines de fois les pages à venir. Une première approche permet de « dégrossir » la matière et l'approfondissement de maitriser les détails. Et la révision (mind mapping) permettra de garder l'information sur la durée.

Les pauses

L'art d'apprendre commence par l'art de faire des pauses !

Notre mémoire se souvient mieux de ce qui est situé au début et à la fin d'une période d'acquisition. C'est pour cette raison qu'il est utile de faire des pauses- Elles permettent au cerveau d'intégrer l'information, de relâcher les tensions physiques et mentales qui suivent une période intensive d'apprentissage.

Si la compréhension reste maintenue à un niveau élevé dans la durée, la pause est nécessaire à la mémorisation. Il est conseillé de faire une pause toutes les cinquante minutes.

Pensez à vous hydrater et vous oxygéner durant les pauses.

La révision

On constate que 80 % des détails sont oubliés dans les 24 heures.

Il faut commencer une première révision juste après la pause. Cette première réactivation est assez conséquente est va exiger environ 10 minutes (pour une heure de travail).

Une nouvelle révision s'effectue 24 heures plus tard. Elle est plus courte, elle dure entre 2 à 4 minutes.

Enfin, une semaine plus tard, on refera une réactivation d'environ 2 minutes. Ce que nous referons encore un mois plus tard.

L'information aura alors vraiment atteint la mémoire à long terme.

Trucs et Astuces

Voici quelques trucs et astuces pour améliorer votre mémoire.

Garder toujours en tête que plus vous êtes dans le jeu meilleure sera votre mémoire.

Pour reconnaître les personnes :

• Créer mentalement une carte d'identité, en visualisant le plus nettement possible « une photo de la personne ». Puis ajouter dessous prénom, nom, particularité physique, lieu de la première rencontre, ... Revoir chaque soir les fiches réalisées durant la journée.
De temps en temps, il faut revoir votre « fichier mental » pour le réviser et les mettre à jour.

Chaque fois que nous revoyons la personne, on « sort » sa fiche personnelle de notre tête !

• S'il s'agit d'un groupe, d'un club ou d'une grande réunion familiale.
Faites un rendez-vous mental. Imaginez-vous parler à chaque personne, en lui disant son prénom et son nom. Faites le jusqu'à vous souvenir des informations nécessaires pour chaque personne.

• Si le nom vous est difficile à mémoriser, il faut trouver une caractéristique dominante et la « coller » avec une image. Par exemple, Monsieur Novembre à des cheveux blanc, on l'imagine avec de la neige sur les cheveux car normalement il y a de la neige en novembre.

- On crée mentalement une image qui correspond au nom et on y introduit la personne. Par exemple, Monsieur Delamarre en maillot de bain en train de faire quelques brasses dans la mare au canard !

- Si le nom est compliqué, il faut le décomposer. Monsieur Vithoulkas devient par exemple « Vit ou casse ».

Se souvenir d'une conversation, d'un film, d'une émission :

- Arrivé à la fin de ce que l'on désir se souvenir prendre un peu de temps pour le résumer en deux ou trois points-clés

- Le raconter le plus vite possible à quelqu'un
- Pour se souvenir de ses lectures lire avant de s'endormir (en retient mieux, car le sommeil structure l'information).

Mémoriser un plan de conférence, un programme :

Cette technique nous vient de la Grèce antique. Elle consiste à utiliser les pièces de sa maison, et à superposer à chaque pièce un sujet ou une tâche à effectuer. Il fautchoisir le trajet une fois pour toute et numéroter chaque pièce.

Par exemple :

Pour une conférence   Pour la journée de demain

Porte d'entrée.	Le choix du livre	La banque
Corridor	La vie de l'auteur	La poste
Salon	L'époque de l'auteur	La pharmacie
Chambre d'invité	sa bibliographie	La boulangerie

Il faut créer une image mentale la plus forte possible. Je vois par exemple ma banque à la porte d'entrée.

Il faut « vivre » plusieurs fois le trajet virtuel avant d'avoir à utiliser la technique. Retrouver les objets, les places de parking :

• Faire un arrêt sur image à l'endroit où l'on vient de poser l'objet ou de parquer sa voiture. Après l'arrêt sur image construire une image mentale de plus en plus forte.

• Mettre les choses toujours au même endroit !

Mémoire et naturopathie

Les plantes pour votre mémoire :

Ginko biloba

C'est l'ami de votre cerveau.

Il augmente l'afflux sanguins vers le cerveau améliorant ainsi la circulation cérébrale et l'oxygénation des cellules.
C'est un protecteur et un consolidant de la paroi des vaisseaux de la microcirculation.
Le Ginko est parvenu à survivre à la bombe atomique d'Hiroshima !

Eleuthérocoque
Augmentation des capacités physique et intellectuel. C'est un puissant tonique

Petite pervenche
Améliore la circulation cérébrale et l'utilisation de l'oxygène par le cerveau.
Trouble de la mémoire (surtout chez les vieilles personnes).

Complément alimentaire :

Pollen

C'est un grand reconstituant, il est intéressant dans la mémoire pour ses vitamines du groupe B, son magnésium, son phosphore ainsi que divers acides aminés.

Huile de pépin de cassis

Riche en acides gras polyinsaturés (acide linoléique, gamma-linoléique, alpha-linoléique) qui représente environ 35 % des constituants de la cellule nerveuse. Ces acides sont donc essentiels à nos facultés cognitives et intellectuelles.

Glutamine

C'est un neuromédiateur du cerveau, il augmente la vivacité d'esprit.

Levure de bière

Elle contient tout le groupe des vitamines B (sauf B12) qui va aider notre système nerveux.

Mind Mapping / Schéma heuristique

Nous avons tous appris à prendre des notes ou faire des résumés d'une manière linéaire.

Est-ce qu'il vous est déjà arrivé de ne même pas avoir envie de reprendre vos notes tellement que cela paraissait brouillon ?

Il est possible de prendre de meilleures habitudes pour vos notes et vos résumés de cours : Le schéma heuristique. Plus connu depuis quelques années sous le nom de Mind Mapping.

Le Mind Mapping est plus en adéquation avec le fonctionnement non-linéaire de notre cerveau. Il faut intégrer les mécanismes cérébraux dans notre manière de structurer l'information.

Le cerveau fonctionne essentiellement par enchainement de concepts-clés. Une des règles fondamentale pour tous apprentissages est de faire et créer des liens.

Les avantages du Mind Mapping :

• Une meilleure vue d'ensemble du sujet.

• Le point central apparaît plus clairement (il est placé en général au milieu)

• L'importance de l'information est visible au premier coup d'œil (plus elle est éloignée du centre, plus elle est secondaire).

• Une meilleure relation entre les différents concepts.

- Une meilleure mémorisation

- Très pratique pour les révisions

- Synthétise facilement l'information

- Augmente la créativité

- Utilise nos fonctions cérébrales d'une manière plus optimale.

Quelques trucs pour améliorer vos Mind Mapping :

- Mettre des dessins simples et sympas

- Ecrire en majuscules (plus photographique).

- Utiliser des couleurs (pour une hiérarchie par exemple)

- Ecrire un mot par ligne (pour ne pas surcharger)

- Des flèches (pour relier des idées entre elles)

- Des codes (point d'exclamation, d'interrogation, croix, ...)

- Des formes (pour délimiter des zones)

- Des couleurs (aide la mémoire, délimiter des zones du schéma)

- Regarder des exemples sur Internet.

- Oublier les trucs et soyez créatif !!!

Le schéma heuristique est une manière originale et non–linéaire de synthétiserl'information. Il offre de nombreux avantages pour les études et la prise de note.

Il permet une révision rapide. Il peut être également utilisé pour préparer des articles ou des exposés. Il est de plus en plus utilisé dans le monde de l'entreprise pour réaliser des « brainstorming ».

Que l'alpha soit avec toi !

Ou les fascinantes découvertes de José Silva

Notre histoire commence à Laredo, petite ville du Texas, située près de la frontière mexicaine. José Silva brillant autodidacte fasciné par les capacités de l'esprit humain, commença en bon père de famille (il a eu dix enfants), des recherches pour trouver un moyen efficace d'aider ses enfants à améliorer leurs résultats scolaires.

Il s'intéressa de près à l'hypnose et fit le lien avec sa profession d'électronicien.
Il remarqua que le cerveau développait une activité d'autant plus importante qu'il produisait moins d'énergie. Il découvrit qu'au niveau de conscience « alpha » toute activité liée à la pensée était potentialisée. Dans ces zones de basses fréquences le cerveau était capable de stocker d'avantage d'informations et de les restituer plus facilement.

Un peu de théorie !

Comme un électrocardiogramme mesure nos fréquences cardiaques, l'électroencéphalogramme mesure nos fréquences cérébrales. La mesure d'unité est l'Hertz (cycle par seconde).

Echelle des ondes cérébrales

Ondes bêta (entre 14 et 30 Hz) Niveaux de conscience extérieure (état de veille)

Ondes alpha (entre 8 et 13 Hz) Niveaux de conscience intérieur (état de relaxation)

Ondes thêta (entre 4 et 7 Hz)   Niveau de conscience intérieur (sommeil, état hypnotique)

Ondes delta (entre 1 et 5 Hz)   Inconscient (sommeil profond)

Ainsi, le but de la méthode Silva est d'apprendre à utiliser consciemment les fréquences alpha de notre cerveau afin de libérer notre potentiel créatif et nos facultés d'apprentissage. Silva aimait à répéter que la plus grande découverte que l'on puisse faire est celle du potentiel de son esprit.

Les résultats scolaires de ses enfants s'améliorèrent rapidement. Le succès fût tel que les voisins demandèrent à Monsieur Silva d'enseigner « sa méthode » à leurs enfants. Ces derniers en apprenant à naviguer à ces niveaux de conscience développèrent également une meilleure image d'eux-mêmes, une meilleure santé physique et mentale. Plus intéressant encore, ils développèrent leurs facultés intuitives et extrasensorielles.

Après plus de vingt années de recherche et de développement avec différents scientifiques José Silva présenta son premier cours en 1944.

En 1998, une année avant sa mort, Silva synthétisa ses recherches dans le cours de deux jours Silva Ultramind, qui est maintenant enseigné dans plus de trente pays. Au cours de ce séminaire, les étudiants apprennent à utiliser consciemment les ondes alpha et théta, à développer leurs facultés de visualisation et leur perception extra sensorielle.

L'idéal est évidemment de suivre un séminaire de deux à quatre jours pour découvrir cette fascinante technique afin de mieux exploiter vos facultés cérébrales.

Néanmoins, pour commencer à découvrir les bienfaits « d'être en alpha ».

Chaque matin au réveil (après un petit passage à la salle de bain si nécessaire) :

• Fermer les yeux en dirigeant le regard vers le haut (environ 20° au-dessus de la ligne de l'horizon).

• compter de 100 à 1 avec des intervalles de deux secondes entre chaque chiffre.

• Au chiffre 1, vous être en alpha. Félicitations !

Faites cette exercice pendant dix jours, puis compter de 50 à 1 pendant 10 jours, de 10 à 1 pendant 10 jours et finalement de 5 à 1. Ainsi vous serez en mesure de « descendre » au niveau alpha en comptant simplement de 5 à 1.

Lorsque vous vous trouvez en alpha, vous pouvez visualiser en écran mental à environ 1 mètre devant vous. Sur cet écran écrivez ce que vous voulez apprendre, vocabulaires d'une langue étrangère, dates historiques, éléments périodiques, ...
Pour sortir du niveau alpha. Dites-vous mentalement « Je vais doucement sortir de ce niveau en comptant de un à cinq, je me sentirai bien réveillé et mieux qu'avant ...1 – 2 – 3 – 4 – 5 Ouvrez les yeux !

Apprentissage accéléré par magnétophone selon José Silva :
Cette technique consiste à lire le texte une première fois en bêta (niveau de conscience extérieur), puis à l'enregistrer sur un magnétophone (toujours en bêta). Une fois enregistrée écouter la cassette en alpha. Trois jours plus tard relire le texte en bêta et le réécouter en alpha sur la cassette. L'information sera ainsi définitivement stockée dans votre cerveau.

Hemi-sync

Ou le vibro de ton cerveau

Hemi-sync veut dire synchronisation hémisphérique. Hemi-sync fut développée, brevetée et sans cesse améliorée par une équipe de psychologues, de médecins, de biochimistes, d'ingénieurs électriciens, de physiciens travaillant à l'Institut Monroe dans l'état de Virginie aux Etat-Unis.

Elle est basée sur les travaux dans les années septante de Gerald Oster et de Sherry Edwards. Ces biophysiciens new-yorkais ont découvert le phénomène de « fréquence de battements ».

Oster et Edwards ont découvert que si nous faisons jouer une fréquence de 307 Hz dans une oreille (les chiffres sont purement arbitraire) et 300 Hz dans l'autre, il se produit une sonorité qui vacille à une fréquence équivalant à la différence entre les deux sources indépendantes, donc dans notre exemple de 7 Hz.

Premièrement, le son de synthèse, ainsi produit par notre cerveau, crée un effet de «vibro», « un battement ». Qui va harmoniser nos deux hémisphères cérébraux et leur permettre de travailler de concert. On appelle cela le battement binaurale. C'est en quelques sortes une subtile ostéopathie neuronale.

Le son de 7 Hz (pour reprendre notre exemple) crée par notre cerveau va forcer physiologiquement ce dernier à travailler dans une état de conscience «alpha» .

C'est ce que les scientifiques nomme la « réponse d'adoption de fréquence ».
Pour résumé les enregistrements hemi-sync vont permettrent à nos deux hémisphères de travailler ensemble d'une manière intégrée à la même fréquence.

L'équipe de l'Institut Monroe a découvert une cinquantaine de fréquences bénéfiques pour notre cerveau. Dans leurs enregistrements les fréquences sont « masquées » avecdes musiques spécialement composées pour la relaxation ou pour stimuler la concentration. Les enregistrements « remembrance » et « Einstein's dream » sont particulièrement indiqués pour le travail intellectuel et l'apprentissage.

Hemi-sync en jouant avec des fréquences précises fait travailler nos hémisphères cérébraux à l'unisson.
Ce procédé facilite aussi l'accès à des différents niveaux de conscience.

Suggestopédie

Le turbo de l'apprentissage

La suggestopédie est une des méthodes les plus rapides et efficace d'apprentissage accéléré.

Elle a été développée par le psychologue Bulgare Georgi Lozanov.
La mémoire humaine est quasiment illimitée, affirme Lozanov.

La Suggesestopédie fut créée au départ pour l'apprentissage des langues. Ses étudiants pouvaient apprendre près de mille mots par jour de vocabulaire, avec une mémorisation moyenne de 97 %.

La suggestopédie peut augmenter jusqu'à 50 fois la capacité d'n individu à assimiler. Et une fois encore, la clé est la relaxation. L'étudiant doit apprendre à utiliser d'avantage les fréquences alpha (7 à 14Hz) ou thêta (4 à 7 Hz) permettant ainsi d'utiliser le potentiel d'assimilation quasi illimité du cerveau.

Ces niveaux de conscience vont permettre une assimilation nettement accrue et enlever les limitations et blocages d'apprentissage. Elle passe à travers les mécanismes de défense qui bloquent l'accès de 90 % des facultés cérébral.

Nous pouvons utiliser différentes techniques de relaxation comme la sophrologie, le training autogène de Schultz, la méthode Silva, ...

Si les méthodes de relaxation arrivent au même résultat : baisser les fréquences cérébrales, leur entrainement régulier et leur pratique correcte est indispensable pour une pratique de la suggestopédie. Le Dr. Losanov consacrait pour ses cours de langues d'une durée de 23 jours les quatre premiers jours uniquement à l'apprentissage de la relaxation.

Vous pouvez enregistrer cette relaxation guidée :

- *Installe-toi confortablement. Ferme les yeux et observe ta respiration. Tes inspirations et tes expirations ...*

- *Tes paupières sont fermées*

- *Ton corps se repose, confortablement.*

- *Détends-toi*

- *Détends plus profondément tes globes oculaires, sens, ressens, une merveilleuse sensation de relaxations dans tes yeux. Tes yeux se relaxent de plus en plus. C'est une sensation merveilleuse que d'avoir des yeux bien détendu. Détends les d'avantages, d'avantage*
- *encore ...*

- *Bien ... tes yeux sont maintenant bien détendu et je t'invite à transmettre cette merveilleuse sensation de relaxation à tout ton corps, du sommet de ta tête jusqu'au bout de tes pieds.*

- *Détends-toi*

- *Ressens une profonde et agréable relaxation dans tout ton corps.*

- *C'est un état de sérénité tout à fait sain*

- *Relax, relax, relax*
- *Visualise-toi maintenant au sommet d'un escalier. Il y a dix marches qui conduisent à une porte. Derrière cette porte, il y a un état de relaxation très profond et agréable.*

- *Commence lentement à descendre.*

- *10, 9, 8   plus profondément*

- *7, 6   plus profondément encore*

- *5   Au chiffre 1, tu seras devant la porte, tu ouvriras la porte et tu seras dans un   état de relaxation beaucoup plus profind*

- *4, 3   parfaitement calme et relaxé*

- *2 ...1*

- *Tu te trouves maintenant devant la porte.*

- *Prends la serrure et ouvre la porte ...*

- *Tu es maintenant dans un état très agréable et très profond de relaxation.*

Une fois la relaxation bien maîtrisée, nous pouvons commencer véritablement la méthode.

Pour commencer prenez un enregistrement d'une musique à quatre temps (60 temps par minute) car cette musique provoque un ralentissement du rythme cardiaque et cérébral.

La musique baroque est vivement conseillée ; utilisez toujours la même musique car il y aura un conditionnement.

Quelques exemples :

Bach   Largo du concerto en sol mineur pour flûtes et cordes (Nr.1056)
         Largo pour clavecin en sol majeur (Nr.976)

Haëndel   Tous les passages du concerto grosso pour cordes opus 6 (Nr. 1-12)

Vivaldi   Largo de « l'hiver » du concerto Nr 4 en fa mineur des Quatre saisons
(opus 8)
            Concerto pour violon, luth et cordes en ré mineur (PV 266)

Maintenant notez sur une feuille quelques affirmations positives :

J'aime apprendre et j'apprends chaque jour de mieux en mieux.

Tout mon potentiel d'apprentissage et de mémorisation s'exprime librement dans la détente et la joie, ...

C'est parti !

Sur votre support audio :

1) Faites jouer votre « fond sonore » d'une musique à quatre temps

2)   Enregistrez une technique de relaxation

3)   Lisez vos suggestions positives (motivantes et dans le présent)

4)   Synthétisez et coupez les informations que vous désirez retenir par tranche de 4 à 8 secondes puis chaque période « active » de 4 ou 8 secondes faites une pause de la même durée donc 4 ou 8 secondes.

Par exemple dites les mots dans la langue étrangère et en français pendant 8 secondes et faites une pause de 8 secondes et dites à nouveaux un mot et sa traduction sur 8 secondes, ...

Une leçon dure entre 20 et 30 minutes. Utilisez alternativement un ton normal, du chuchotement et de commandement afin de vous maintenir éveillé.

Respirez de façon à que vous écoutiez l'information lorsqu'il y a rétention de souffle, expirez durant le blanc sonore.

Révisez un bout de quatre jours.

Avec cette méthode (et un peu de pratique !) vous pourrez comme les élèves de Lozanov apprendre une langue étrangère (environ 3000 mots) en l'espace de 23 jours.

Mémoire et sommeil

Le sommeil est une nécessité pour la mémoire ainsi que pour toutes nos fonctions cognitives.

C'est le sommeil paradoxal (c'est durant cette période que l'on rêve) qui intervient essentiellement sur la mémoire. C'est en partie pour cela que le nouveau-né et le jeune enfant ont des périodes de sommeil paradoxal beaucoup plus longues.

Nous avons presque tous observé les effets néfastes du manque de sommeil sur la mémoire et nos capacités d'apprentissage.

Alors le premier conseil pour bien apprendre : Respecter vos heures de sommeil.

Pour le deuxième conseil : Des études montrent qu'une mémorisation est meilleure si elle est suivie d'une période de sommeil (moins si le sommeil a lieu durant la journée). Il est donc conseillé de réviser avant de s'endormir, puis de relire une fois au réveil l'information étudiée au coucher. Il semblerait que le sommeil protège la consolidation mnésique contre les interférences créées par de nouvelles stimulations. Il existe des techniques d'apprentissage en dormant.

Cela permet un « pré-enregistrement » de l'information. Cela facilite en effet l'apprentissage. Néanmoins, on observe souvent de la fatigue et de l'irritabilité si cette technique est utilisée durant une trop longue période.

Comment faire ?

Enregistrer ce que vous désirez apprendre sur un support audio en commençant par la phrase : Tous ce que je vais entendre durant cet enregistrement va se graver profondément et définitivement dans ma mémoire et il en est ainsi.

Programmez pour que l'enregistrement se déclenche environ 30 minutes après l'endormissement.

Ecouter le support audio encore une fois le matin au réveil.

Il ne faut pas utiliser cette technique sur de longues périodes. Cinq jours maximum. Le sommeil a le rôle de drainer de l'esprit, il faut aussi lui laisser faire son travail naturel.

PNL et apprentissage

C'était les années 70. C'était l'époque où Richard Bandler, le co-fondateur de la PNL (programmation neuro-linguistique ou la science et l'art de la communication et de la réussite) avait les cheveux longs et se déplaçait en grosse moto.

Ce jour-là, il était invité dans une classe catégorisée en difficulté scolaire.

- Bien les jeunes, dit-il ! Je vais vous apprendre la meilleure technique pour tricher !

Les enfants le regardèrent ébahi.

- Vous savez probablement déjà que noter les réponses sur un petit papier ne fonctionne pas. Trop risqué !

Il avait alors attiré l'attention des enfants.

- Alors, reprit-il, je vais vous dire mon secret ! Au lieu d'écrire sur un billet de triche sur un papier, je vous propose d'écrire sur un grand billet dans votre tête. Vous devez apprendre votre vocabulaire pour demain avec le mot « fantastique ». Ecrivez-le sur le billet dans votre tête « F – A –N-T-A-S-T-I-Q-U-E », faites cela avec tous les autres mots !

Le Dr. Bandler revint un mois plus tard dans le classe pour constater que les résultats scolaires des enfants s'était nettement amélioré.

Pour résumer :

Regarder

Regarder et observer la matière à apprendre. Les mots de vocabulaire par exemple.

Visualiser

Sur un écran mental qui se situe à 1 mètre de vous et environ 30° au-dessus de la ligne de l'horizon. Ecrivez mentalement le vocabulaire, les formules mathématiques, les dates historiques, ...

Sentir que c'est ok

Sentez à travers votre corps que c'est Ok. Sentez une sensation très agréable que la matière a été enregistrée.

Brain Gym

Ou l'apprentissage par le mouvement

Que font vos yeux maintenant que vous lisez ? ... Ils effectuent des petits mouvements !

Avez-vous déjà fait les cents pas en apprennent quelque chose par cœur ? ... probablement oui !

Comment le fœtus prend conscience du monde qui l'entoure ? ... grâce au mouvement !

Le mouvement fait partie intégrante du processus d'apprentissage.

C'est ce qu'a découvert le Dr. Paul Dennison, créateur du Brain Gym. Il souffrait lui-même de problème de vue et de dyslexie. Il s'appuya de sa propre expérience, ainsi que des travaux de nombreux autres pionniers dans le domaine de l'apprentissage, pour créer une série de mouvements simples qui permettent une bonne intégration cérébrale, facilitant ainsi l'apprentissage.

Pour lui, les blocages de nos facultés d'apprentissage viennent du fait que nous ne maîtrisons pas l'art du mouvement. Il faut intégrer le mouvement dans le processus intellectuel.

Le mouvement est la clé de l'apprentissage affirme le Dr. Paul Dennison, Le Brain Gym permet de mettre son système nerveux en condition optimale pour l'apprentissage.

Les trois prémisses du Brain Gym

1. L'apprentissage est une activité naturelle qui se poursuit tout au long de la vie

2. Les blocages proviennent de l'incapacité à gérer les stress et l'incertitude.

3. Nous souffrons tous de blocages dans la mesure où nous n'avons pas appris à bouger

Le Brain Gym sépare en trois domaines les activités du cerveau :

La latéralité

Une bonne latéralité est une communication efficace entre nos deux hémisphères cérébraux.

La latéralité est la capacité à traverser la ligne médiane, à travailler dans le champ médian et à traiter un code écrit, linéaire et symbolique, de gauche à droite et de droit à gauche (extrait de Mouvement la clé de l'apprentissage P. Dennison).
C'est la dimension gauche/droite.

La concentration

La concentration c'est le passage de l'information entre le lobe occipital et frontal. Les réflexes primitifs peuvent freiner ou inhiber l'apprentissage par une incapacité à prendre des risques. C'est la dimension avant/arrière.

Le centrage

Le centrage est notre capacité de passer de l'émotionnel à la pensée abstraite. Il permet la compréhension de la signification, du sens. Etre « centré », c'est empêcher les peurs irrationnelles de nous « hanter ».

C'est la dimension haut / bas.

Les mouvements / exercices du Brain Gym vont permettent d'intégrer ses différents domaines. Pour réveiller nos facultés naturelles d'apprentissages.

Quelques exercices de Brain Gym à pratiquer régulièrement :

Cross-crawl

Il s'agit de la star du Brain Gym. Le mouvement le plus connu. Il consiste à bouger alternativement le bras et la jambe dans un mouvement de croisement.
Cet exercice favorise la communication entre nos deux hémisphères cérébraux.

Huit couché

Le huit couché (symbole de l'infini) est un exercice qui permet l'intégration du champ visuel. Il permet une meilleure communication écrite et orale. Il est particulièrement indiqué pour la lecture.

Placer votre pouce dans la position de l'auto-stoppeur à environ 30 centimètres devant vos yeux. Fixer un point sur votre pouce. Tous en gardant votre regard fixé sur ce point (donc sans bouger la tête) dessiner devant vous un huit couché en traçant le début du huit dans le sens inverse des aiguilles d'une montre. Il est conseillé de faire se mouvement au moins trois fois.

Visualisation d'un X

Le X symbolise la traversée de la ligne médiane. Il permet une harmonisation des hémisphères et stimule le corps calleux (l'autoroute de l'information entre les deux hémisphères).

Fermer les yeux et visualiser devant vous un X centré.

A pratiquer par exemple plusieurs fois durant un examen écrit !

Bâillement énergétique

Il suffit de bailler tout en massant les muscles qui se trouvent autour de l'articulation temporo-mandibulaire (ATM). Le stress provoque des tensions dans les mâchoires (on serre les mâchoires) ce qui empêche les nerfs de cette région de travailler correctement. Ces nerfs permettent toutes les transmissions nerveuses entre les yeux, les muscles faciaux et la bouche.

L'eau

Avant chaque période de mémorisation et d'apprentissage, il est conseillé de boire de l'eau pour hydrater notre corps et surtout notre cerveau. L'eau est conductrice de l'énergie électrique pour nos neurones. Notre corps est constitué d'environ 70 % d'eau et notre cerveau de 85 %.

Il est conseillé de boire 1,5 litre d'eau claire par jour.

Le Brain Gym est une série de mouvements simples et amusants qui permettent une bonne intégration cérébrale, facilitant ainsi l'apprentissage.

L'apprentissage en 3D

Un de mes professeurs d'andragogie (pédagogie pour adulte), nous répétait souvent :

Il n'y a pas d'apprentissage sans bousculement des structures cognitives actives.

Nous pourrions débattre longtemps de cette phrase très riche. J'y pense à chaque fois que je donne un séminaire de développement personnel.

La technique que je vous propose va dans la même direction. Si vous observez votre matière à apprendre sous différents angles, elle sera intégrée.

Prenez votre cours de physique, de chimie, d'histoire ou de n'importe quelles autres matières. Et maintenant, faites comme si, vous étiez l'enseignant. Quitter votre casquette d'étudiant. Imaginez que vous devez la donner devant un public :

Imaginez la donner avec un coup de théâtre, quelque chose qui sort de l'ordinaire et de la routine. Quelques choses que vos étudiants n'oublieront pas.

Imaginez la donner à une classe d'aveugle.

Imaginez la donner à une classe de sourd.

Imaginez la donner à une classe d'extra-terrestres venus de la planète Pluton.

Imaginez la donner à vos parents.

Et allez plus loin, visualisez et sentez votre public d'étudiant. Faites un jeu de rôle.

Vous êtes l'enseignant.

Une fois que vous aurez faites ces différentes étapes, je vous promets que vous aurez retenu votre matière et plus encore vous aurez créé des nouvelles connexions et stimuler grandement votre imagination. Surtout amusez-vous !

Conclusion

Nous sommes arrivés au terme de ce tour d'horizon des différentes techniques et méthodes pour stimuler la mémoire et l'apprentissage.

Qu'allez-vous faire de ce que vous avez appris dans le livre ? Pour transférer ce nouveau savoir dans votre vie. Je vous invite à vous fixer un objectif d'apprentissaged'une durée d'un mois. Sortez votre agenda à la date d'aujourd'hui, tournez 30 pages et notez votre objectif !

Le cerveau est comme un muscle. Il a besoin d'être stimulé.

Votre cerveau ne prend pas de retraite. Il a besoin d'être toujours stimulé.

Gardez toujours une activité intellectuelle pour éviter que le cerveau devienne flasque ! Il n'est pas forcément nécessaire d'apprendre une langue étrangère ou la physique atomique. Des mots croisés, un club de lecture, développer un sujet qui vous passionne.

J'aime l'idée d'avoir toujours un livre un peu plus compliqué que notre zone de confort en lecture.

Apprendre, découvrir, s'émerveiller encore et encore, ...

Cher lecteur, je vous souhaite beaucoup de succès, de plaisir et d'amusement dans vos apprentissages.